DA VIDA FELIZ

Lúcio Aneu Sêneca

•

DA VIDA FELIZ

Tradução
João Carlos Cabral Mendonça

Revisão da tradução
Mariana Sérvulo da Cunha

wmf **martinsfontes**

SÃO PAULO 2018

1ª edição *2001*
2ª edição *2009*
2ª tiragem *2018*

Acompanhamento editorial
Luzia Aparecida dos Santos
Revisões gráficas
Renato da Rocha Carlos
Luzia Aparecida dos Santos
Produção gráfica
Geraldo Alves
Paginação
Studio 3 Desenvolvimento Editorial

Dados Internacionais de Catalogação na Publicação (CIP)
(Câmara Brasileira do Livro, SP, Brasil)

Sêneca, Lúcio Aneu
Da vida feliz / Lúcio Aneu Sêneca ; tradução de João Carlos Cabral Mendonça ; revisão da tradução Mariana Sérvulo da Cunha. – 2ª ed. – São Paulo : Editora WMF Martins Fontes, 2009.

Título original: De vita beata
ISBN 978-85-7827-130-5

1. Conduta de vida 2. Estoicos 3. Ética 4. Felicidade – Obras anteriores a 1800 5. Sêneca, ca. 4 A.C. – 65. De vita beata I. Título. II. Série.

09-02939 CDD-188

Índices para catálogo sistemático:
1. Estoicismo : Filosofia antiga 188
2. Sêneca : Filosofia 188

Rua Prof. Laerte Ramos de Carvalho, 133 01325.030 São Paulo SP Brasil
Tel. (11) 3293.8150 e-mail: info@wmfmartinsfontes.com.br
http://www.wmfmartinsfontes.com.br

Prefácio

Na época em que Sêneca estava intimamente associado à vida política e podia, legitimamente, ser considerado mentor de Nero e inspirador das medidas então tomadas pelo príncipe, foram compostos os tratados *Da vida feliz* (*De vita beata*) e *Dos benefícios* (*De beneficiis*). São duas obras muito diferentes quanto à forma e à extensão, mas que têm o mesmo objetivo, ou seja, mostrar a verdade e a utilidade do estoicismo para a vida pessoal e a conduta do Estado. Para tentar entender o alcance de cada uma delas e a intenção de seu autor, é necessário determinar em primeiro lugar, com a maior precisão possível, a data em que foram escritas, o que não deixa de apresentar dificuldades.

Quanto ao livro *De vita beata*, Sêneca o dedicou a seu irmão mais velho, que ele designa pelo nome de *Gallio*. Estamos, portanto, no período posterior à adoção de Novatus por Junius Gallius e posterior, também, à composição do *De ira*, no qual o mesmo Novatus ainda trazia o cognome que recebera ao nascer. O *De ira* data de 41. O *De vita beata*, portanto, só pode ser posterior a essa data. Também sabemos que em 52 Novatus, durante seu proconsulado de Acaia, já era chamado de *Gallio*. Nesse momento, Sêneca voltou do exílio. Sabemos que o favor de Agripina também lhe devolveu a dignidade e a fortuna, e é essa a situação em que *De vita beata* o mostra: à frente de uma numerosa criadagem, proprietário de domínios no além-mar (aparentemente no Egito), de jardins perto de Roma – sinais de uma riqueza recuperada, que lhe valem muitos ataques. Invejosos o reprovam por não viver "como filósofo", ou seja, de acordo com a imagem imposta pelos cínicos (mais do que pelos estoicos) da vida filosófica, de desprezo pelas riquezas e de pobreza levada ao total despojamento. Por que ele vive de modo diferente do que diz: *aliter loqueris, aliter uiuis*?

Esses ataques, que conhecemos pelo próprio Sêneca, não são imaginários. Em 58, chegaram a um conflito aberto. Provinham principalmente de um certo Suillius, segundo nos informa Tácito (*Annales*, XIII, 42). Esse personagem, genro de Ovídio, fora muito poderoso sob o reinado de Cláudio e tornara-se porta-voz de todos os que lamentavam o fim da época do imperador morto. Ele era um sobrevivente do "círculo" de Germanicus. Fora o questor deste último e orgulhava-se disso. Era hostil a Sêneca e aos que transformaram o estilo da vida política da época de Cláudio. Não estava isolado, mas representava, no senado, a corrente de oposição à diarquia. Era o momento em que Agripina, excluída do exercício do poder por Burrus e Sêneca, fechava-se numa oposição obstinada e começava a constituir uma ameaça. Suillius e o partido que denunciava a influência dos "filósofos" podiam pôr em perigo a paz pública. Para garanti-la, Sêneca suscitou acusadores contra Suillius, fazendo com que ele fosse condenado ao exílio. Suillius retirou-se para as ilhas Baleares, onde viveu, segundo Tácito, em meio à abundância e aos prazeres.

O *De vita beata* parece ter resultado dessa crise, tendo sido composto um pouco antes de seu desfecho, ou seja, por volta de 57, talvez em 58. Nessa conjuntura, ele assume seu pleno significado: uma defesa da filosofia e, mais particularmente, do estoicismo, cujos mais ilustres representantes, Thrasea Paetus, Helvidius Priscus e seus amigos, estavam no apogeu de sua carreira e, ao mesmo tempo, eram alvo dos ataques, não apenas dos partidários tardios de Cláudio, mas também de todos aqueles que, no senado, eram hostis a qualquer ingerência dos filósofos na vida política. Tácito nos transmitiu alguns ecos de suas críticas e das zombarias que eles desferiam contra seus adversários. Assim, por exemplo, quando ridicularizaram uma intervenção de Thrasea numa questão de bem pouca importância, concernente ao número de gladiadores que os siracusanos estariam autorizados a produzir nos próximos jogos. Um estoico, diziam, não deveria preocupar-se com problemas mais graves? Apologia do estoicismo, *De vita beata* nos aparece como um argumento em favor da defesa, incluído no dossiê do processo que uma parte da opinião moveu então contra a doutrina do Pórtico.

Pierre Grimal

I – Meu caro irmão Gálio: todos querem viver felizes mas não têm a capacidade de ver perfeitamente o que torna a vida feliz. Realmente não é fácil atingir a felicidade, porque, se alguém desviado do reto caminho se precipita para alcançá-la, fica sempre mais afastado da felicidade. Correndo em sentido contrário, a nossa própria pressa torna-se a causa de um contínuo distanciamento.

Por isso devemos, primeiramente, pôr diante dos olhos aquilo que desejamos; depois examinar, sob todos os aspectos, por onde devemos chegar à meta do modo mais rápido possível. Entenderemos no próprio itinerário, contanto que ele seja o certo, quanto se encurta diariamente e quanto nos aproximamos do objetivo da nossa cupidez natural. Efetivamente, enquanto vaguearmos de um lado para o outro tendo como guia os rumores e gritos discordantes dos companheiros, que nos chamam em direções contrárias, a nossa vida se consumirá brevemente, mesmo que trabalhemos dia e noite da melhor maneira. Desse modo, devemos discenir tanto aquilo para que tendemos quanto o meio de conseguir o desejado, não sem escolher um perito, conhecedor profundo do caminho em que nos metemos, porque as condições dessa viagem não são as mesmas que as dos demais itinerários. Nesses, o traçado da estrada e as informações dadas pelos habitantes não nos permitem errar; mas, em nosso caso, o caminho mais palmilhado e frequentado é o que mais costuma enganar.

Por conseguinte, o que mais devemos ter presente é o cuidado de não seguir os que nos precedem, à maneira do gado, em que os de trás seguem os dianteiros, dirigindo-se não aonde devem ir, mas aonde vão os da vanguarda. Ora, nada nos enreda em maiores males do que o fato de agirmos conforme a voz comum. Julgamos ser melhor o que é aprovado pelo consenso geral e, assim, vivemos à imitação dos inúmeros exemplos que se nos apresentam, e não conforme a razão. Daí provém esse amontoado de homens caindo uns sobre os outros. Em qualquer gênero de vida podes observar o que sucede numa grande aglomeração de pessoas que se apertam mutuamente: ninguém cai sem levar junto o outro, de sorte que os primeiros causam a ruína dos seguintes. Quem erra não o faz somente com prejuízo próprio, mas é causa e conselheiro do erro alheio. Com efeito, é prejudicial ligar-se aos que vão na frente, e, enquanto cada um prefere acreditar a julgar, o erro, transmitido de mão em mão, nos confunde e precipita no abismo. Perecemos ao seguir os exemplos alheios; seremos curados, contanto que nos afastemos da massa. Mas agora o povo, contra a razão, se levanta como defensor do seu próprio mal. Desse modo sucede como nas eleições: aqueles mesmos que elegeram os pretores admiram-se de os terem eleito quando sua inconstante popularidade decai. Aprovamos e censuramos as mesmas coisas, esse é o resultado de todo julgamento que é feito por muitos.

II – Como trataremos da vida feliz, não me poderás responder estupidamente aquilo que costumam dizer: "É desse lado que parece estar a maioria." Ora, por isso mesmo é pior. Nas coisas humanas não se procede com acerto tentando agradar à maioria, pois a multidão é a prova do que é pior. Busquemos, portanto, o que é melhor e não o que é mais comum, aquilo que nos estabelece na posse de uma felicidade eterna e não o que é aprovado pela massa, o pior intérprete da verdade. Designo com o nome de "vulgo" tanto as personagens vestidas de clâmide como os coroados, pois não considero a cor da indumentária que reveste os corpos; não dou crédito aos olhos, quando julgo a respeito do homem; tenho um critério mais seguro para discernir o falso do verdadeiro: é a alma que deve encontrar o seu próprio bem. Quando ela, algum dia, tiver tempo de respirar e entrar dentro de si, ah, reconhecerá que se afligiu e ver-se-á obrigada a confessar a verdade e dizer: "Eu gostaria de não ter feito tudo o que fiz; ao lembrar-me de tudo o que disse invejo os mudos; tudo o que desejei reputo como sendo maldição dos meus inimigos, tudo o que temi, ó deuses bem-aventurados!, foi muito mais suave do que aquilo que ambicionei! Tive inimizade com muitos e depois de odiá-los tornei a ser amigo deles (se é que pode haver alguma amizade entre maus): no entanto, ainda não sou amigo de mim mesmo.

Empreguei todos os esforços para distinguir-me da multidão e fazer-me notável por meio de uma qualidade especial. Ora, não fiz mais do que me tornar alvo de projéteis e expor-me às mordeduras da malevolência. Vês todos esses que louvam a eloquência, buscam as riquezas, granjeiam o crédito por meio da adulação e enaltecem o poder? Todos eles ou são inimigos ou podem sê-lo, o que equivale ao mesmo. No povo, o número dos admiradores é igual ao dos invejosos. Por que não procuro algum bem que a experiência me mostre ser útil, mas aquele que só serve para a ostentação? As coisas que provocam nossa admiração e nos fazem parar diante delas brilham por fora, mas por dentro são mesquinhas."

III – Busquemos um bem que não seja aparente, mas sólido e constante, e seja tanto mais belo quanto mais íntimo. Vamos, por assim dizer, garimpá-lo. Não está longe; facilmente será encontrado, mas é preciso saber para onde se estende a mão. Na realidade, passamos, como em trevas, ao lado das próprias coisas desejadas, chegando mesmo a tropeçar nelas. Contudo, para não te levar comigo através de rodeios, omitirei as opiniões dos outros (pois é longo enumerá-las e refutá-las): ouve a nossa. Quando digo "nossa", não me atenho a nenhum dos principais estoicos: também tenho o direito de dar opinião. Assim seguirei o parecer de um, a outro mandarei explicitar sua opinião, e talvez após ouvir todas, sem desaprovar nenhuma, direi: "Ainda sou dessa opinião." De resto, conforme pensam todos os estoicos, em comum consenso, concordo com a natureza. A sabedoria consiste em não se desviar dela e em se regular segundo suas leis e exemplos.

Portanto, a vida feliz é a que concorda com a sua natureza. Ora, isso não poderá ocorrer se, em primeiro lugar, a mente não for sã e não estiver em perpétua posse da própria saúde e, em seguida, corajosa e enérgica, nobre, paciente e acomodada às várias situações. Ela deverá também cuidar sem ansiedade do corpo e do que se refere a ele, das coisas que adornam a vida, sem se deixar deslumbrar por nenhuma, e estar pronta a utilizar os dons da fortuna, sem ser escrava deles.

Já entendes, mesmo que eu nada acrescente, que daí se seguem uma tranquilidade e uma liberdade contínuas, quando expulsamos de nós tudo o que nos excita e amedronta. Aos prazeres e seduções mesquinhos e frágeis, cujo perfume nos é, por si mesmo, prejudicial, segue-se uma imensa alegria, sólida e invariável, e depois a paz, a harmonia e a grandeza de alma unida à mansidão; pois toda a aspereza provém da debilidade.

IV – O bem que concebemos pode também ser definido de outro modo, ou seja, o mesmo pensamento pode ser expresso com outras palavras. O mesmo exército ora se alarga, ora se adensa ou se curva em semicírculo na sua parte central ou se desdobra em linha reta na vanguarda, mas a sua força de ataque, de qualquer modo que esteja ordenada, é a mesma, bem como a sua vontade de combater pela mesma causa. Assim, a definição do sumo bem pode, em certas ocasiões, ser desenvolvida e alongada e, em outras, abreviada e condensada. Por isso dá no mesmo eu dizer: "O sumo bem é a alma que, contente com a virtude, despreza os azares da sorte" ou "a força invencível da alma, experimentada e tranquila na ação, unida a uma grande bondade e atenção para os que convivem com ela." Pode-se também definir o homem feliz como aquele para o qual não há nenhum bem ou mal senão a alma boa ou má, aquele que pratica o bem, que se contenta com a virtude, que não se eleva nem se abate com as vicissitudes da fortuna, que não conhece maior bem do que o bem que ele mesmo se pode dar, para quem o maior prazer consiste no desprezo dos prazeres. Se queremos fazer uma digressão, temos plena e inteira liberdade de revestir o mesmo pensamento sob outras formas. Por exemplo, o que nos impede de dizer que a vida feliz é a da alma livre e elevada, intrépida, constante, inacessível ao medo e à cobiça, que tem por único bem a virtude e por único mal a torpeza e o ajuntamento vil de coisas, que nada subtrai nem acrescenta à felicidade, ao vir e ir sem acréscimo nem detrimento do sumo bem? Deve-se estabelecer solidamente esse princípio, e, querendo-se ou não, seguem-se um contentamento contínuo e uma alegria profunda, nascida do íntimo, visto que a alma se regozija com os seus bens e não deseja outros além dos que tem em sua casa. Como não encontrar aí uma larga compensação aos mesquinhos, frívolos e passageiros movimentos de nosso pobre corpo? O dia em que alguém for dominado pelo prazer, também o será pela dor; vês a quão dura e funesta escravidão te sujeitarás. Serás possuído alternadamente pelo prazer e pela dor, os mais arbitrários e tirânicos senhores; portanto saiamos em busca da liberdade. Esta é concedida somente pela indiferença em relação à sorte: então nascerá aquele bem inestimável, a tranquilidade da mente fundada num lugar seguro, a elevação moral; será eliminado o terror; o conhecimento da verdade nos trará uma alegria imensa e imutável, a bondade e a expansão da alma. Com isso a alma se deleitará, não simplesmente por serem bens, mas por provirem do seu próprio bem.

V – Uma vez que comecei a tratar largamente desse assunto, pode ser chamado feliz quem não ambiciona nem teme, graças à razão, pois as pedras carecem de temor e tristeza, assim como o gado. Contudo, ninguém as diria felizes, já que não têm a compreensão da felicidade. Na mesma categoria são postos os homens cuja natureza embrutecida e cuja ignorância de si próprios os reduzem ao estado das bestas e dos seres inanimados. Nenhuma diferença existe entre estes e aqueles, porque estes não têm razão e naqueles ela é deformada e hábil apenas para a perversão, com prejuízo próprio. Ninguém, lançado fora da verdade, merece o nome de feliz. Portanto, a vida feliz está fundada de modo inamovível num juízo reto e certo. Assim a alma é pura e desembaraçada de todos os males, apta a evitar não só as dilacerações, mas também as picadas da adversidade. Sempre se manterá de pé no lugar em que se deteve e defenderá o seu posto, a despeito das iras e dos ataques da sorte. No tocante ao prazer, ele envolve o homem por todos os lados, insinuando-se na alma para amolecê-la com sucessivas carícias, e seduzi-la inteira ou parcialmente: mas quem, dentre os mortais com algum resto de dignidade humana, quereria ser lisonjeado dia e noite, abandonar a alma e dedicar-se ao cuidado do corpo?

VI – Mas também a alma, dizem, terá os seus prazeres. Ela que os tenha e se constitua juíza do luxo e do prazer; engolfe-se em tudo aquilo que costuma deleitar os sentidos, em seguida lance um olhar retrospectivo sobre o passado. Lembrada dos prazeres já extintos, exulte com eles e já se ponha no encalço dos futuros e, enquanto o corpo está na atual engorda, já comece a pensar na futura. Isso me parece mais infeliz, porque escolher males em lugar de bens é uma loucura. Ninguém pode ser feliz sem sanidade mental, e não é sensato aquele que busca como melhor o que o vai prejudicar. Pois quem é feliz possui um juízo reto; é feliz quem está contente com os seus bens presentes, quaisquer que sejam, coisas materiais ou amigos; é feliz quem confia à razão todas as situações da sua vida.

VII – Os que dizem estar o sumo bem naquelas coisas percebem em que lugar baixo o puseram. Desse modo, dizem que o prazer não se pode dissociar da virtude, afirmando ser impossível alguém viver virtuosamente e desagradavelmente ou viver agradavelmente mas sem virtude. Quanto a mim, porém, não vejo que essas coisas tão diversas caibam na mesma fôrma. Eu vos pergunto: por que o prazer não se pode separar da virtude? Porventura por ser ela princípio fundamental de todo o bem e raiz de tudo o que amais e desejais? Mas se essas coisas se confundissem não perceberíamos que algumas coisas são agradáveis mas vergonhosas e outras nobilíssimas mas penosas e dignas de serem procuradas por meio de dores. Acresce também que o prazer faz descer a uma vida cheia de torpeza, ao passo que a virtude não permite uma vida desonesta; e há também quem viva infeliz no prazer ou, antes, devido ao próprio prazer. Ora, isso não aconteceria se o prazer estivesse mesclado à virtude, que muitas vezes está isenta de prazer, mas nunca tem necessidade dele. Por que associar coisas tão dessemelhantes e até contrárias? A virtude é algo elevado, excelso e régio, invencível, infatigável; o prazer é baixo, servil, fraco, passageiro; seu lugar e morada são os bordéis e as tavernas. Encontrarás a virtude nos templos, no foro, na cúria, em pé diante das muralhas, coberta de pó, tez queimada pelo sol, mãos calejadas; o prazer, pelo contrário, muitas vezes o verás escondido, em busca das trevas, ao redor dos banhos, saunas e nos lugares temerosos da vigilância do edil, mole, desfibrado, gotejando vinho e perfumes, descorado, maquilado, embalsamado como um cadáver. O bem supremo é imortal, não sabe o que é perecer, não fica saciado nem se arrepende. Uma alma reta nunca se transforma nem é odiosa a si mesma, em nada se afasta do melhor modo de viver; o prazer, porém, extingue-se justamente quando mais deleita, o seu campo não é muito amplo e, por isso, logo sacia, causa tédio e definha depois do primeiro impulso. Não pode ser firme aquilo cuja natureza consiste na mudança. E assim não pode ter substância definida aquilo que vem e passa com a maior velocidade, e perecerá com o uso de si mesmo; chega aonde cessa e, ao começar, já tende para o seu fim.

VIII – Por que o prazer existe tanto nos bons como nos maus e a própria desonra não agrada menos aos homens imorais do que aos bons as suas virtudes? Por isso os antigos recomendaram seguir o melhor modo de vida, não o mais agradável, de sorte que o prazer não seja o guia da reta e boa vontade, mas o companheiro dela. Devemos ter a natureza como guia: a razão a observa e consulta. Portanto, viver com felicidade e viver segundo a natureza são a mesma coisa. Já vou demonstrar o sentido dessas palavras: se conservarmos os dotes corporais e as aptidões naturais com diligência e serenidade, como se nos fossem dadas provisoriamente e de modo fugaz, se não nos sujeitarmos à sua escravidão nem as coisas alheias se apoderarem de nós, neste caso serão úteis à alma. O mesmo vale para as coisas que são agradáveis e acidentais ao corpo, contanto que façam o papel de tropas auxiliares e ligeiras, como sucede nos exércitos: devem estar subordinadas e não mandar. O homem incorruptível deve ser superior às coisas externas e admirar apenas a si mesmo; que ele tenha ânimo confiante e esteja preparado para o êxito e o fracasso, que ele seja o artífice da sua própria vida. Que sua confiança não seja desprovida de prudência, nem sua prudência destituída de firmeza: suas determinações devem permanecer para sempre, e não deve haver nenhuma rasura nos seus decretos. Já se entende, sem que nada seja preciso acrescentar, que tal homem há de ser equilibrado, regrado, magnânimo e, ao mesmo tempo, afável. É preciso que a razão, impressionada pelos sentidos, deles deduza os princípios (de fato, não tem outra coisa onde possa haurilos e de onde possa lançar-se na direção da verdade) e volte para si mesma. Pois também o mundo, que abrange todas as coisas, e Deus, que rege o universo, tendem certamente para as coisas exteriores e, contudo, voltam-se para dentro de si. Nossa mente deve fazer o mesmo: após ter seguido os sentidos e por meio deles se estender para as coisas externas, é dona deles e de si. Desse modo se totalizará uma única força poderosa, coerente consigo, e nascerá uma razão segura de si mesma sem dissensões nem hesitações, quer em suas opiniões e conhecimentos, quer nos seus argumentos. Assim, depois de estar ordenada e equilibrada em suas partes e, por assim dizer, harmonizada, ela atinge o sumo bem. Nada resta nela de mau, de escorregadio, nada tem que a derrube ou abale; tudo fará por sua própria autoridade, nada lhe acontecerá de imprevisto, mas tudo o que fizer terá bom resultado com facilidade e presteza e sem tergiversação do agente; pois a preguiça e a hesitação demonstram luta interior e inconstância. Em vista disso, podes declarar sem temor que o bem supremo consiste na concórdia da alma; pois, onde houver consenso e unidade, aí deverão existir as virtudes, enquanto os vícios não combinam entre si.

IX – Mas também dirás: "só praticas a virtude por esperares dela algum prazer". Primeiro, a virtude não é buscada por dar prazer, pois não é só este que ela produz: não se afadiga por ele, embora, tendo em vista outro objetivo, também alcance o prazer. Assim como no campo lavrado para a seara nascem flores aqui e ali, embora não se tenha empregado tanto trabalho com aquelas plantinhas (pois outro foi o propósito do semeador, elas apareceram por acréscimo), também o prazer não é a recompensa nem a causa da virtude, mas um elemento acessório; não agrada porque deleita, mas, se agrada, também deleita. O bem supremo está no próprio juízo e no estado da mente apurada, que, depois de completar seu percurso e circunscrever os seus limites, realizou perfeitamente o sumo bem e nada mais deseja; pois nada existe fora do todo nem além do fim. Portanto, estás errado ao interrogares o que busco por meio da virtude. Ora, estás perguntando por algo acima do que é maior. O que eu procuro através da virtude? Ela própria. A virtude nada tem de melhor, é a recompensa de si mesma. Isso acaso não é bastante? Quando te digo: "O sumo bem é o rigor de uma alma inabalável, sua previsão, sublimidade, sanidade, concórdia e beleza", exiges ainda uma coisa maior à qual essas qualidades possam se referir? Por que me falas de prazer? Procuro o bem do homem, não do ventre, que é mais dilatado no gado e nas feras.

X – "Tu finges", dirás, "não entender o que digo; ora, afirmo que ninguém pode viver agradavelmente se não vive também virtuosamente, coisa que não pode ocorrer com os brutos animais, que limitam o seu bem ao alimento. Atesto, com toda a evidência: essa vida a que chamo agradável só será bem-sucedida se estiver unida à virtude."

Ora, quem não sabe que os mais cheios dos vossos prazeres são os mais tolos, que a maldade se encontra em grau elevado nas coisas agradáveis, e que a própria alma amontoa muitos e depravados gêneros de prazer? Em primeiro lugar, a insolência e o exagerado conceito de si mesmo, um orgulho que nos eleva acima dos demais, um cego e imprevidente amor de vossas coisas, delícias fugazes, uma exultação por causas mínimas e pueris, uma mordacidade e uma soberba satisfeita com ultrajar os outros, a apatia e a frouxidão duma alma inerte que dorme sobre si mesma. A virtude remove todos esses empecilhos, aguça o ouvido, pesa os prazeres antes de os admitir; e não dá grande valor aos que aprovou; é verdade que os admite, porém se alegra não em usar deles, mas em moderá-los.

Se o bem supremo consiste no prazer, como a temperança diminui o prazer, causa detrimento àquele. Abraças os prazeres, eu os refreio; gozas deles, eu os uso. Tens o prazer como bem supremo, eu nem considero ser ele um bem; fazes tudo por causa do prazer, eu nada.

XI – Quando digo nada fazer em vista do prazer, falo do sábio, assim considerado como aquele com direito de gozar do prazer. Ora, não chamo de sábio aquele que tem algo acima de si, muito menos o prazer. Realmente, se possuído por este, como ele resistirá ao trabalho árduo e ao perigo, à primeira e a tantas ameaças que rondam com estrépito a vida humana? Como suportará o espectro da morte, as dores, a vozearia do mundo, um tão grande número de inimigos acérrimos, quem é vencido por um adversário tão débil? Fará tudo o que lhe sugerir o prazer. Vamos adiante: não vês quantas coisas ele vai te aconselhar? Dirás então: "Nada de vergonhoso, porque está unido à virtude." Então não percebes a natureza desse bem supremo que tem necessidade de um guarda para ser bem? Como a virtude governará o prazer que ela segue, já que na tua opinião seguir é próprio de quem obedece, ao passo que governar pertence a quem manda? Pões atrás quem governa. Ora, que notável função tem a virtude entre vós, a de degustar os prazeres! Mas veremos se a virtude, tão afrontosamente tratada, a ponto de não poder conservar o seu nome, renunciou de fato ao seu lugar; por enquanto, pois se trata dessa questão, indicarei muita gente assediada pelos prazeres e sobre quem a fortuna derramou todos os seus dons. A estes necessariamente chamarás maus.

Vê Nomentano e Apício, que, como dizem, fazem entrar na sua cozinha todos os bens da terra e do mar e examinam sobre suas mesas os animais provenientes de todos os povos; observa-os num assento coberto de rosas, olhando para sua lauta mesa, deleitando os ouvidos com o som de vozes suaves, os olhos com espetáculos e o paladar com sabores; todo o corpo deles é acariciado pelo calor das almofadas macias e agradáveis; e, para que as narinas nesse meio-tempo não fiquem sem ocupação, impregna-se de variados perfumes o próprio lugar onde se celebra uma cerimônia em louvor da luxúria. Vais concordar que eles estão engolfados no prazer, mas não estão bem, pois não é o bem que lhes agrada.

XII – "Eles se sentirão mal porque acorrem muitas coisas que lhes perturbam a alma, e as opiniões contrárias lhes inquietarão a mente." Concordo que é assim; e não obstante esses mesmos tolos e inconstantes, expostos aos golpes do arrependimento, experimentarão grandes prazeres, mas devemos confessar estarem eles tão afastados de qualquer moléstia como da sanidade mental. Sucede que a maior parte deles é acometida por uma alegre loucura e por um riso delirante. Mas, por outro lado, os prazeres dos sábios são tranquilos, moderados, como que enfraquecidos e refreados. Mal se notam, e vêm sem serem chamados. Embora cheguem espontaneamente, não são prestigiados nem acolhidos com alegria. Os sábios os misturam e entremeiam à vida como um jogo ou gracejo entre os assuntos sérios.

XIII – Deixemos portanto de associar coisas inconciliáveis e de entrelaçar o prazer na virtude, erro em razão do qual os viciosos são adulados. O homem dado aos prazeres, sempre arrotando e embriagado, por saber que vive no prazer crê que também vive com a virtude; pois ouviu dizer que aquele não se pode separar desta e, então, intitula com o nome de sabedoria os seus vícios e proclama aquilo que se deve esconder. Vivem, portanto, na dissolução, impulsionados não por Epicuro, mas, entregues aos seus vícios, escondem a luxúria no seio da filosofia e correm para onde sabem que o prazer é louvado. Não avaliam quanto é sóbrio e adusto o prazer preconizado por Epicuro (assim penso eu, ao menos), e se atiram para seu nome, em que buscam patrocínio e pretexto para suas paixões carnais. Por isso perdem o único bem que tinham entre esses males, a saber, a vergonha de pecar: louvam aquilo de que se envergonhavam e se gloriam com o vício, e por isso nem mesmo é possível à juventude ressurgir do seu estado, já que se rotula com um título de honra uma indolência vergonhosa. Eis por que esse louvor tributado ao prazer é pernicioso: porque os preceitos virtuosos permanecem escondidos enquanto o que corrompe se manifesta. Eu mesmo penso (direi isso a despeito de nossos correligionários) que os preceitos de Epicuro são veneráveis e retos, e, se examinarmos melhor, austeros; pois o prazer é reduzido a proporções mínimas e exíguas, e a lei que prescrevemos à virtude ele impõe ao prazer: manda que ele obedeça à natureza; mas o que basta à natureza é pouco para a luxúria. Que dizer então? Todo aquele que chama de felicidade o ócio indolente e as satisfações alternadas da gula e da libido procura fiador de um mau negócio e, quando é atraído por um nome sedutor, segue o prazer, não de que ouve falar, mas o que trouxe consigo. Assim, quando começa a julgar serem os seus vícios objeto de preceito, entrega-se a eles, não timidamente nem às escondidas, mas abertamente.

Por essa razão, quando a maior parte dos nossos filósofos diz que a seita de Epicuro ensina a depravação, eu afirmo o seguinte: ela tem má reputação, é difamada, mas sem razão. Ora, quem pode saber disso, a não ser quem foi admitido no seu interior? Sua própria fachada dá azo aos boatos a seu respeito e excita os maus desejos. Acontece o mesmo que com um homem forte vestido de mulher: estás certo do seu pudor, da sua virilidade intacta, seu corpo está livre de paixões vergonhosas, mas tem na mão um tamborim de Cibele*.

Escolhamos então um título nobre, uma insígnia que revele a alma: essa que foi colocada só atrai os vícios. Quem

* Insígnia dos sacerdotes da deusa grega Cibele (filha de Urano e Gea), que usavam vestes femininas. (N. da R. T.)

quer que se aproxime da virtude dá prova de uma índole nobre, quem segue o prazer se mostra fraco, a ponto de degenerar de sua masculinidade, prestes a cair nas piores torpezas, se não houver alguém que lhe distinga os vários tipos de prazer a fim de que possa discernir quais os situados dentro dos limites naturais e quais os desenfreados, que são inumeráveis, e quanto mais são saciados mais insaciáveis se tornam.

XIV – Vejamos então: a virtude deve tomar a dianteira e assim nosso caminhar será seguro. Além disso, o prazer demasiado prejudica; na virtude, porém, não se deve recear que haja excesso, porque a moderação está nela mesma; a virtude não é um bem que experimenta dificuldades com a própria grandeza. Ademais, àqueles a quem o destino concedeu uma natureza racional, que coisa se propõe superior à razão? E, se essa associação agrada, bem como ir em busca da vida feliz com essa companhia, que a virtude caminhe na frente e o prazer a siga volteando em torno dela como a sombra à volta de um corpo. Com efeito, fazer da virtude escrava do prazer é sinal de uma pessoa que nada pensa de grande. Em primeiro lugar, portanto, deve marchar a virtude e levar as insígnias; teremos ainda assim o prazer, mas seremos os seus donos e diretores; ele obterá alguma coisa de nós, nunca nos obrigará a dar. Aqueles que deram o primeiro lugar ao prazer ficam privados de ambas as coisas: perdem a virtude e, além disso, não possuem o prazer, mas são possuídos por ele. São atormentados com a sua falta e sufocados pela sua abundância: são infelizes se abandonados pelo prazer e mais infelizes quando estrangulados por ele. Assim como os surpreendidos no mar das Sirtes, ora são deixados no seco, ora flutuam ao sabor das ondas impetuosas. Isso sucede devido à demasiada intemperança e ao amor de um bem incerto, pois para aquele que procura males em lugar de bens o sucesso é perigoso. Assim como caçamos as feras com trabalho e perigo, e embora capturadas sejam possuídas com cuidado (pois muitas vezes dilaceram seus donos), igualmente os que têm muitos prazeres acabam mal, pois aprisionam quem os captura. Quanto maiores e mais numerosos os prazeres, tanto menor e escravo de maior número é aquele a quem o vulgo chama feliz. É bom ainda deter-nos nesta imagem: "Assim como quem busca o covil dos animais aprecia laçar as feras e conduzir os cães nas imensas clareiras da floresta" para ir ao seu encalço abandona tarefas mais importantes e renuncia a muitos deveres, também o que busca o prazer deixa tudo para trás, e a primeira coisa que negligencia é a liberdade. Ele o paga pelo ventre e não compra prazeres para si mas se vende a eles.

XV – "Ora", objetarás, "por que impedir de mesclar a virtude e o prazer e assim produzir o sumo bem de modo que ele seja, ao mesmo tempo, virtuoso e agradável?" Porque a parte do que é bom não pode deixar de ser boa e o sumo bem não terá a sua integridade se vir em si coisa dessemelhante do melhor. Nem mesmo a alegria proveniente da virtude, embora seja um bem, é parte do bem absoluto, tampouco o regozijo e a tranquilidade, apesar de oriundos de causas excelentes. Com efeito, todas essas coisas são bens que se seguem ao sumo bem, mas não o perfazem. Quem faz aliança entre a virtude e o prazer – e nem mesmo em igualdade de condições – mistura a fragilidade de um à força de outro, põe sob jugo a liberdade que só é invencível quando cônscia de não haver nada de mais precioso do que ela própria. Então (e nisto consiste a maior escravidão) começa a depender da sorte. E daí se segue uma vida cheia de ansiedade, suspeitosa, sobressaltada, temerosa de acidentes, fixada nas vicissitudes da vida. Tu não dás à virtude um fundamento sólido, imóvel, mas ordenas que ela ocupe um lugar instável; com efeito, o que há de tão inconstante quanto a expectativa de acontecimentos fortuitos e as mutações do corpo e das circunstâncias que o afetam? Como ele pode obedecer a Deus e aceitar de bom grado tudo o que sucede e não se queixar do destino, interpretando benignamente os seus reveses, se se abala às pequenas aguilhoadas? Mas quem se inclina aos prazeres não é bom defensor ou protetor da pátria nem dos amigos. Por isso eleve-se o sumo bem ao lugar donde nenhuma força o arranque, aonde não tenha acesso nem a dor, nem a esperança, nem o temor como também coisa alguma que enfraqueça o direito do sumo bem. Ora, só a virtude pode ascender até lá; essa ladeira deve ser escalada somente pelos passos da virtude: esta permanecerá de pé, firme, não apenas resignada, mas também de bom grado suportará tudo o que acontecer. Estará certa de que todas as dificuldades da vida são lei da natureza e, como bom soldado, sofrerá as feridas, enumerará as cicatrizes e, ao morrer transpassada de dardos, amará o chefe pelo qual cairá. Terá impresso na alma aquele velho preceito: segue a Deus. Todo aquele, porém, que se queixa, chora e geme, é obrigado a cumprir as ordens à força e arrastado, a contragosto, a fazer o que é ordenado. Ora, que loucura ser arrastado em vez de seguir! É igualmente grande insensatez e ignorância da própria condição afligir-te com algo que te falta ou te acontece de penoso, como te admirares ou te indignares com o que sucede tanto aos bons quanto aos maus.

Falo das doenças, das mortes, das fraquezas e de outras adversidades que ocorrem na vida humana. Tudo o que devemos sofrer em virtude da constituição do universo, abracemos com ânimo generoso; fomos levados a tomar este compromisso: suportar a nossa condição mortal e não nos perturbar com o que não podemos evitar. Nascemos numa monarquia: a liberdade consiste em obedecer a Deus.

XVI – Portanto, a verdadeira felicidade está fundada na virtude. E o que te aconselhará essa virtude? A nada julgares bom ou mau, a não ser o que te suceder por causa da virtude ou do vício. Em seguida, a permaneceres inabalável diante do mal e de um bem, de sorte que, na medida do possível, moldes em ti a imagem de um deus. O que a virtude te promete em paga desses teus preparativos? Bens imensos, iguais aos dos deuses: nada te constrangerá, de nada terás necessidade; serás livre, seguro e isento dos males e perigos; nada empreenderás em vão, não serás impedido de fazer coisa alguma; tudo correrá conforme os teus desejos; nenhuma adversidade te acontecerá, nada contra a tua expectativa e vontade. Como então? A virtude não é suficiente para uma vida feliz? Por que ela não bastaria, perfeita e divina como é, e até mais do que suficiente? Com efeito, o que pode faltar a quem se põe fora dc qualquer desejo? O que precisa de externo quem reuniu em si todas as coisas? Aquele que tende para a virtude, embora tenha progredido muito, necessita de alguma indulgência da fortuna, pois luta entre as vicissitudes humanas até se desembaraçar de todo obstáculo e vínculo mortal. Que diferença existe então entre ele e os outros? É que uns estão estreitamente ligados, outros apertados, outros arrochados mesmo; este, porém, que se elevou a uma esfera superior, subindo ainda mais alto arrasta a cadeia afrouxada: não é ainda inteiramente livre, mas é como se fosse.

XVII – Por isso, se alguém dentre os que censuram a filosofia tenha dito frequentemente: "Por que falas com mais coragem do que vives? Por que então baixas o tom das tuas palavras diante de um superior e julgas ser o dinheiro um meio necessário para ti e te perturbas com o prejuízo, derramas lágrimas pela morte da esposa ou de um amigo, tens cuidado com a fama e te impressionas com boatos malignos? Por que o teu campo é cultivado com mais esmero do que requerem as necessidades naturais? Por que não ceias segundo as prescrições que estabeleceste? Por que tua mobília é mais luxuosa? Por que na tua casa se bebe um vinho mais velho que tu? Por que a construção desse aviário? Por que se plantam árvores que nada darão a não ser a sombra? Por que a tua esposa traz nas orelhas a renda de uma casa opulenta? Por que os jovens escravos são revestidos de vestes preciosas? Por que tens em casa a arte de servir à mesa, a prataria não se coloca ao acaso e à vontade de cada um, mas com muita habilidade, e tens ainda um trinchante?" Se queres, acrescenta ainda: "Por que tens propriedades além-mar? E mais numerosas do que pensas? Que vergonha! És tão negligente que não conheces os poucos escravos que tens, tão faustoso que a memória não é suficiente para conhecê-los todos!" Eu mesmo darei força aos teus ataques e mesmo me farei mais invectivas do que pensas. Por ora te respondo o seguinte: "Não sou sábio e, para alimentar a tua malevolência, digo que não o serei. Deves, portanto, exigir de mim não que eu me iguale aos melhores, mas que seja superior aos maus: basta-me isto, subtrair cada dia algo dos meus vícios e objurgar os meus erros. Não cheguei à sanidade nem chegarei a isso; preparo mais sedativos do que remédios para a minha gota. Fico satisfeito se ela me acomete menos frequentemente e com dores menos intensas. Em comparação com os vossos pés, os meus são os de um pobre corredor." Não falo isso por mim (pois estou num abismo de vícios), mas por aquele que já alcançou algum progresso.

XVIII – Voltas à carga: "Falas de um modo e vives de outro." Isso, ó malignissimos indivíduos e inimicíssimos dos homens mais virtuosos, foi lançado em rosto a Platão, a Epicuro, a Zenão; pois todos esses filósofos diziam não como eles próprios viviam, mas como deveriam viver. Eu falo sobre a virtude, não de mim mesmo, e quando reprovo os vícios são principalmente os meus que reprovo; quando puder, viverei como é necessário. Essa vossa malignidade peçonhenta não me afastará dos melhores filósofos; nem mesmo esse veneno me impedirá de continuar a louvar uma vida que não vivo mas que sei que deve ser vivida, de venerar a virtude e de segui-la rastejando a uma grande distância. Então vou esperar que a malevolência deixe alguma coisa intacta? Pois nem Rutílio nem Catão foram isentos dela! Vai alguém se dar o trabalho de não parecer demasiado rico a pessoas que julgam ter sido Demétrio, o cínico, pouco pobre? Esse homem tão energético, que luta contra todos os desejos da natureza, mais pobre que os outros cínicos, visto que todos os outros se proibiram de possuir e ele também de pedir, dizem que sua indigência não é grande! Vejam isto: Demétrio não fez profissão de conhecer a virtude, mas de praticar a indigência.

XIX – Contam que Diodoro, filósofo epicurista, o qual há poucos dias pôs fim à sua vida com as próprias mãos, não agiu conforme os preceitos de Epicuro ao cortar sua garganta. A uns essa ação parece ter sido loucura, a outros temeridade; ele entretanto, feliz e plenamente consciente, ao sair da vida, deu testemunho a si mesmo. Louvou, além disso, no porto, ao ser lançada a âncora, a tranquilidade de sua vida passada, o que vós ouvistes a contragosto como se devêsseis fazer o mesmo:

> Vivi e perfiz a carreira que a sorte me assinalou.

Vós discutis sobre a vida e a morte dos outros e, como cachorrinhos, ladrais ao ouvir o nome dos homens célebres devido a um mérito exímio; é útil para vós que ninguém pareça bom, como se a virtude alheia fosse a exprobração de todos os vossos delitos. Sendo invejosos, comparais o esplendor deles com a vossa sujeira e não entendeis com quanto prejuízo vosso ousais fazer isso. Com efeito, se aqueles que seguem a virtude são avarentos, devassos e ambiciosos, que qualificação mereceis, vós que odiais até o nome da virtude? Dizem que ninguém garante com os seus atos o que fala nem vive segundo o modelo apresentado pelas suas palavras; que há de admirável nisso quando falam de ações corajosas, heroicas, superiores a todas as tempestades humanas? Quando tentam despregar-se da sua cruz, onde cada um de vós se fixa, eles, levados ao suplício, ficam presos só a uma estaca. Vós, porém, que prestais atenção a vós mesmos, sois atormentados por tantas cruzes quantas paixões tendes. Contudo, sois maldizentes e espirituosos ao ultrajar os outros. Eu julgaria que estais isentos desses males se alguns de vós, do seu patíbulo, não escarrásseis nos seus espectadores.

XX – Os filósofos não praticam o que dizem. Contudo, já fazem muito em expressar bem o que concebem com uma mente reta: realmente, se operassem conforme as suas palavras, quem haveria de mais feliz do que eles? Entretanto, não há motivo para desprezar boas palavras e corações cheios de bons pensamentos. Deve-se louvar a ocupação com estudos salutares, mesmo que ela não surta efeito. Quem há de admirar se os que empreendem a escalada de montes escarpados não chegam ao cume? Mas, se és humano, admiras os que empreendem grandes feitos, mesmo que caiam. É uma nobre empresa aplicar-se não segundo suas forças individuais, mas conforme as da sua natureza, a desejar o mais alto e ambicionar progressos irrealizáveis mesmo aos mais corajosos. Aquele que se propôs o seguinte: "Verei a morte com o mesmo semblante com que ouço falar dela. Eu me sujeitarei aos trabalhos de qualquer espécie, sustentando o corpo com a alma. Desprezarei igualmente as riquezas presentes e ausentes, nem serei mais triste se estiverem em outra parte, nem mais altivo se elas me cercarem com o seu brilho. Não serei sensível à sorte quando se aproxima ou se afasta. Considerarei todas as terras como sendo minhas e as minhas como de todos. Viverei como se tivesse nascido para os outros e agradecerei por isso à natureza. De que modo melhor ela poderia gerir os meus negócios? Ela me deu sozinho a todos e todos só a mim. Não guardarei avaramente nem desperdiçarei com prodigalidade tudo o que eu tiver. Só julgarei possuir de fato o que tiver honestamente recebido. Não avaliarei os benefícios pelo número nem pela importância, mas apenas pela estima que eu tiver do benfeitor; nunca me parecerá muito o que receber um digno merecedor de um presente. Nada farei por causa da opinião alheia, mas tudo por força da consciência. Agirei sozinho como se todos me olhassem. O limite que porei à comida e à bebida será a satisfação dos desejos naturais, e não encher e esvaziar o ventre. Serei um amigo agradável, doce e afável aos inimigos, cederei aos rogos antes de ser rogado e me adiantarei em satisfazer aos pedidos dignos. Estarei certo de que minha pátria é o universo e os governadores dela são os deuses, postados sobre mim e, à minha volta, como juízes dos meus atos e palavras. E, quando a natureza me pedir de volta o meu espírito ou a razão o lançar fora de mim, partirei dando-me o testemunho de ter amado a boa consciência, as boas tendências, que a liberdade de ninguém foi diminuída por mim e muito menos a minha"; quem se propuser fazer essas coisas, ou quiser ou tentar, empreenderá o caminho para os deuses e, mesmo que não tiver bom êxito, sucumbiu a nobres esforços.

Vós, porém, ao odiardes a virtude e quem a pratica, nada fazeis de novo. Pois os olhos doentes têm medo do sol e os animais noturnos fogem do esplendor do dia. Logo que nasce o sol, fogem espantados e de todos os lados buscam os seus esconderijos e se escondem, com medo da luz, em algum buraco. Gemei e exercitai as vossas línguas em exprobrar os bons. Abri a boca, mordei: mais fácil quebrar vossos dentes que deixar a marca da mordida.

XXI – Por que aquele é adepto da filosofia e vive em tão grande riqueza? Por que diz que ela deve ser desprezada e a possui? Julga ser a vida desprezível e contudo vive! Apregoa que não se deve dar importância à saúde e, apesar disso, cuida dela com máxima diligência e prefere que seja excelente! Ademais, julga o exílio um nome vão e diz: "Que mal há em mudar de países?" e, contudo, se for possível, envelhecerá na pátria! E, embora diga não haver diferença entre tempo mais longo e mais curto, se nada impede, prolonga a vida e tranquilamente conserva o seu vigor numa avançada velhice. Aconselha, não a não ter essas coisas, mas a não as buscar com solicitude, e, contudo, vai atrás delas quando se ausentam. Realmente, onde a fortuna deixará mais seguramente as riquezas do que no lugar aonde vai recebê-las sem queixa de quem as restitui? Catão de Útica louva Cúrio e Coruncânio e aquele século em que os censores consideravam crime ter algumas lâminas de prata, mas ele mesmo possuía quarenta milhões de sestércios, menos, sem dúvida, que Crasso e mais do que Catão, o censor. Se comparássemos, haveria maior distância entre Catão de Útica e o seu bisavô do que entre ele e Crasso. Além disso, se coubessem por sorte a Catão maiores riquezas, ele não as desprezaria. Pois o sábio não se julga indigno dos bens da fortuna: ele não ama as riquezas, mas as prefere, não as recebe na alma, mas em casa; não rejeita as quc possui, e quer por meio delas fornecer mais matéria à virtude.

XXII – Ora, há dúvida de que o homem sábio encontra, na riqueza, matéria mais abundante para desenvolver sua alma do que na pobreza? Pois nesta última se exercita um só gênero de virtude, que impede alguém de se rebaixar ou deprimir, ao passo que na riqueza a temperança, a liberalidade, o discernimento, a economia e a magnificência têm um campo aberto. O sábio não se desprezará se for de pequena estatura, contudo ele quererá ser alto. Se for franzino e caolho, conservará o seu valor, porém desejará ter corpo robusto, ciente de que há nele coisa mais preciosa. Tolerará a saúde precária, desejará a melhor. Mesmo certas coisas pouco importantes no conjunto e que se podem subtrair sem detrimento do bem principal contribuem com algo para a contínua alegria oriunda da virtude: a riqueza o dispõe e alegra como um vento favorável que impele o navegante, como um belo dia e um lugar ensolarado na bruma fria do inverno. Além disso, quem, dentre os sábios (falo dos nossos, para os quais a virtude é o único bem), nega que também esses bens, tidos como indiferentes por nós, têm alguma importância em si e são uns melhores que os outros? A alguns deles se dá algum valor, a outros muito. Não te enganes, portanto. As riquezas estão entre os mais importantes. "Por que zombas de mim", dirás então, "uma vez que elas têm a mesma estima a teu juízo?" Queres saber que não têm? Se as riquezas me abandonarem, nada me tirarão a não ser elas mesmas; tu, porém, se elas forem afastadas de ti, ficarás espantado e te parecerá que ficaste abandonado por ti mesmo; para mim elas têm algum valor, para ti são de máxima importância; para terminar, as riquezas são minhas e tu és das riquezas.

XXIII – Deixa, portanto, de interditar o dinheiro aos filósofos: ninguém condenou a sabedoria à pobreza. O filósofo terá amplas riquezas que não são tiradas de ninguém, nem manchadas de sangue alheio, nem adquiridas com prejuízo de ninguém, nem fruto de ganhos sórdidos; sua entrada e saída são igualmente honestas, elas não fazem gemer senão os malévolos. Podes amontoar as tuas riquezas quanto quiseres; são honestas naquilo em que, sendo muitas coisas que cada um quereria dizer suas, nada há nelas que alguém possa dizer seu. O sábio, porém, não rejeitará a benignidade da fortuna e não se gloriará nem se envergonhará do patrimônio adquirido por meios honestos. Contudo, terá também de se gloriar se, tendo aberto a casa e admitido os seus concidadãos para investigarem os seus bens, puder dizer: "O que qualquer um reconhecer como seu, leve consigo." Oh, grande homem, o verdadeiramente rico, se, após proferir essas palavras, possuir o mesmo que antes! Por isso digo: se com toda a tranquilidade ele permitir ao povo essa investigação e ninguém encontrar em sua casa coisa em que possa pôr as mãos, ele será franca e abertamente rico. O sábio não receberá um só denário adquirido desonestamente; mas não repudiará nem excluirá grandes riquezas, dom da fortuna e fruto da virtude. Por que lhes recusaria um bom lugar? Que venham, hospedem-se. Não as ostentará nem esconderá (a primeira atitude é própria do imprudente; a segunda, do tímido e do pusilânime, como se tivesse um grande bem em seu bolso), nem, como disse, as expulsará de casa. O que dirá então: "sois inúteis" ou "não sei usar das riquezas"? Assim como quem pode fazer a pé a sua caminhada mas prefere subir em um veículo, também o pobre quererá ser rico, se puder. Terá por isso riquezas, mas sempre inconsistentes e prestes a levantar voo, e não permitirá que pesem nem a si nem a qualquer outro. Dará... mas por que estais de orelhas levantadas? Por que estendeis a bolsa?... Dará ou aos bons ou àqueles que puder tornar bons, dará com a máxima prudência, escolhendo os mais dignos, como quem está ciente de que deve dar contas tanto das despesas como da receita, dará segundo uma causa reta e louvável, pois um mau presente está no rol das perdas mais vergonhosas. O sábio terá uma bolsa fácil de abrir, mas não furada, donde saiam muitas coisas, mas da qual nada possa cair.

XXIV – Erra quem pensa que dar seja coisa fácil. Daí encerra inúmeras dificuldades, salvo quando se dá com prudência e não se espalhando a esmo e segundo o ímpeto do momento. A este me faço agradecido, àquele restituo; a outro socorro; àquele outro instruo, pois não merece ser levado pela pobreza nem dominado por ela; a alguns não darei, embora precisem, porque, mesmo que eu der, irá faltar-lhes bem depressa; a certas pessoas oferecerei; a outras vou mesmo impor. Não posso ser negligente nesse assunto; nunca faço melhor investimento do que quando dou. Dir-me-ás: "Então dás para receber?" Não, é para não perder. O donativo deve estar em lugar seguro, de modo que não possa ser reclamado, mas possa ser devolvido. O benefício seja colocado como um tesouro enterrado bem profundamente para ser desenterrado somente quando for necessário. E então? A própria mansão do rico não oferece tantas ocasiões de fazer o bem? Quem é que reserva a liberalidade apenas aos vestidos de toga? A natureza me ordena ser útil aos homens, sejam escravos ou livres, nascidos de pais livres ou libertos, de uma liberdade legal ou convencionada entre amigos, que importa? Onde houver um homem haverá oportunidade de fazer um benefício. Por isso o dinheiro pode também ser distribuído e a liberalidade exercitada dentro de casa. Ela tem esse nome não porque é devida aos livres, mas por provir de uma alma livre. Ela, no sábio, nunca recai sobre homens devassos e indignos, nem fatigada erra, de sorte que, ao encontrar uma pessoa digna, transborda de plenitude. Portanto, não há motivo para ouvirdes às avessas as palavras belas, enérgicas e entusiásticas dos amigos da sabedoria. Em primeiro lugar, prestai atenção nisto: uma coisa é buscar a sabedoria, outra coisa é tê-la conseguido. O primeiro te dirá: "Falo muito bem, mas ainda me revolvo em muitos males. Não há razão para me julgares segundo o modelo que me propus: agora só me forjo, me formo, me elevo para imitar um exemplar magnífico; se progredir tanto quanto decidi, deves exigir que meus atos correspondam às minhas palavras." Porém, aquele que atingir a suma perfeição humana tratará contigo de outra maneira e dirá: "Em primeiro lugar, não te deves permitir fazer um julgamento a respeito dos melhores; já tenho a felicidade de desprezar os maus, o que é uma prova da minha retidão. Mas, para te dar conta de que não invejo a nenhum dos mortais, ouve o que vou prometer e quanto aprecio cada coisa. Afirmo que as riquezas não são um bem, pois se o fossem fariam bons os seus possuidores: mas, já que o que se encontra entre os maus não se pode chamar bem, eu lhes recuso tal nome. Quanto ao mais, confesso que as riquezas devem ser possuídas, são úteis e trazem muitas vantagens para a vida."

XXV – "Que sucede então? Por que não as enumero entre os bens, e que atitude diferente da vossa observo a esse respeito, uma vez que ambos concordamos que devem ser possuídas? Ouvi: Colocai-me na casa mais opulenta, onde se usa profusamente o ouro e a prata. Não me admirarei por causa dessas coisas. Embora estejam comigo, estão fora de mim. Transportai-me para a ponte Sublício, para junto dos indigentes: não me desprezarei por me sentar com aqueles que estendem a mão para esmolar. Que importa faltar um pedaço de pão a quem não falta a possibilidade de morrer? Que dizer disso? Claro que prefiro aquela casa esplêndida à ponte. Colocai-me em meio a um mobiliário suntuoso e um aparato refinado: não me julgarei mais feliz por ter uma almofada mais macia e tapetes de púrpura debaixo dos pés dos meus convivas. Muda a minha colcha: não serei mais infeliz por isso, se a minha cabeça cansada repousar sobre um punhado de feno, se me deitar sobre o estofo dos gladiadores que aparece através das costuras de um velho tecido de linho. Que dizer disso? Prefiro mostrar minha coragem vestido com a toga pretexta ou com a clâmide a mostrá-la com os ombros inteiramente descobertos ou seminus. Todos os dias transcorrem para mim conforme meus desejos, a um sentimento de gratidão outro se sucede: não ficarei contente comigo por isso. Muda esse tempo favorável no seu contrário; se minha alma for golpeada de ambos os lados pelo dano, pelo luto, pelas variadas investidas da adversidade, se nenhuma hora for isenta de queixa, não me considerarei infeliz em meio a tantas desgraças nem amaldiçoarei dia nenhum: providenciei a fim de que nenhum dia me fosse funesto. Como assim? Prefiro moderar minhas alegrias a fazer cessar minhas dores." O ilustre Sócrates te dirá o seguinte: "Imagina que eu seja vencedor de todos os povos, que aquele voluptuoso carro de Baco me conduza triunfante do Oriente a Tebas, que os reis me solicitem as leis: aí precisamente considerarei que sou homem, quando de todas as partes for aclamado como rei. Acrescenta a essa tão sublime posição uma súbita mudança; serei colocado numa liteira alheia para dar brilho ao cortejo de um vencedor soberbo e altivo: não sou mais humilhado ao ser conduzido ao pé do carro de outro do que quando estou de pé no meu. Que dizer? Prefiro, contudo, vencer a ser aprisionado. Desprezarei inteiramente o império da fortuna, mas, se me for dado escolher, tomarei o que for melhor dele. Tudo o que vier ao meu encontro se tornará bom, mas prefiro que as coisas venham mais fáceis, mais agradáveis e menos atormentadas aos que lidam com elas. Não penses que há alguma virtude sem trabalho árduo, mas algumas virtudes necessitam de aguilhão, outras de freio. Tal como deve ser retido o corpo quando desce por um declive e impelido ao subir uma ladeira íngreme, assim também certas virtudes se acham num declive e outras sobem por uma escarpa. E então? Há alguma dúvida de que a paciência, a fortaleza, a perseverança e qualquer outra virtude oposta às circunstâncias duras e subjugadoras da fortuna sobem, se esforçam e lutam? Que mais? Não é igualmente manifesto que a liberalidade, a temperança, a mansidão vão ladeira abaixo? Nestas refreamos a alma a fim de não cair para a frente, naquelas as exortamos e estimulamos energeticamente. Portanto, para a pobreza empregaremos as mais corajosas, que sabem combater; para as riquezas usaremos as mais cuidadosas, que caminham passo a passo, e com ponderação... Feita essa divisão, prefiro usar as virtudes cujo exercício é mais tranquilo do que aquelas cuja prática me custa suor e sangue. Portanto, diz o sábio, não vivo de modo diferente do que falo, mas vós é que ouvis de outra maneira; é apenas o som das palavras que chega aos vossos ouvidos: não procurais saber o que significam.

XXVI – Em vista disso, que diferença há entre mim, tolo, c ti, sábio, sc ambos queremos possuir? Muito grande: as riquezas, para o sábio, são escravas, e para o tolo são senhoras; o sábio nada lhes permite, e vós lhes dais tudo;

vós, como se alguém vos tivesse prometido a posse eterna delas, vos acostumais e vos apegais a elas, ao passo que o sábio exercita-se sobretudo na pobreza quando está no meio das riquezas. O general nunca confia na paz a ponto de não se preparar para a guerra, ainda que não deflagrada. Quanto a vós, porém, uma bela casa, como se não pudesse ser incendiada nem demolida, as riquezas, como se estivessem acima de todo o perigo e fossem para vós superiores às forças da fortuna para consumi-las, vos tornam insolentes e atordoados. Brincais negligentemente com as riquezas, sem prever os perigos delas decorrentes. Assim procedem frequentemente os bárbaros, sitiados e desconhecedores das máquinas de assédio. Contemplam inativos os trabalhos dos sitiantes e não compreendem o significado daquelas construções que se erguem ao longe. O mesmo acontece convosco: definhais em meio a vossos prazeres e não considerais quantas desgraças vos ameaçam de todos os lados, prestes a levarem consigo ricos despojos. Contudo, aquele que tirar as riquezas do sábio deixará com ele todas as suas coisas; vive alegre com os bens presentes, seguro em relação ao futuro. "Nada", diz o célebre Sócrates, "nem homem algum, com o mesmo direito e poder em relação às coisas humanas, pode me persuadir a sujeitar as minhas ações às vossas opiniões. Acumulai de todos os lados vossos provérbios costumeiros: não julgarei que me injuriais, mas que gemeis como deploráveis recém-nascidos." Isso dirá aquele que foi presenteado pela sorte com a sabedoria, a quem uma alma isenta de vícios manda censurar os outros não por ódio, mas para curá-los. Às palavras já ditas acrescentará o seguinte: "O conceito que tendes de mim me impressiona, não por minha causa mas pela vossa, porque quem se põe a vociferar contra a virtude e a persegui-la renuncia a toda esperança de emenda. Não me fazeis nenhum agravo, como não o fazem até aos deuses os que derrubam os altares deles. Mas um propósito mau e um desígnio perverso se revelam, mesmo quando não se pode causar prejuízo. Suporto vossas alucinações como Júpiter, ótimo e máximo, o fazia com os absurdos dos poetas. Assim, um deles lhe colocava asas, o outro chifres, um terceiro o representava como adúltero e passando as noites fora de casa, outro como cruel para com os deuses e injusto em relação aos homens, raptor de homens livres e até de parentes seus, outro como parricida e usurpador do reino paterno. Com isso esses poetas não fizeram outra coisa senão tirar aos homens a vergonha de pecar, se acreditassem realmente que os deuses fossem assim. Mas, embora vossas palavras não me prejudiquem, advirto-vos para o vosso bem: admirai a virtude e dai crédito àqueles que a seguiram durante muito tempo. Pois eles mesmos apregoam terem seguido algo de muito grande e que, de dia para dia, se manifesta mais excelente. Venerai a virtude como aos deuses e aos que a professam como sacerdotes. Todas as vezes que se fizer menção dos escritos sagrados, guardai um religioso silêncio, para que o sacrifício se possa realizar conforme o rito, sem que nenhuma voz inconveniente o perturbe. E isso é muito mais necessário exigir de vós a fim de ouvirdes atentos e em silêncio todas as vezes que algo é proferido por aquele oráculo. Quando alguém agitando um sistro mente obrigado por outro, como quando um espertalhão hábil retalha os braços e ensanguenta os ombros com mão lenta, ou uma mulher qualquer ulula arrastando-se sobre os joelhos pela rua ou um velho vestido de linho com um ramo de loureiro na mão e, em pleno meio-dia trazendo uma lanterna diante de si, exclama que algum deus está irado, afluis correndo para ouvi-lo e afirmais ser ele divino, alimentando mutuamente o vosso estupor.

XXVII – Eis que Sócrates proclama daquele cárcere ao qual purificou ao entrar nele e tornou mais honrado que todo o senado: "Que delírio, que sentimento natural é esse que leva a censurar as virtudes e a profanar as coisas santas em conversas maldosas? Se vos for possível, louvai os bons, do contrário passai-os em silêncio; se, porém, vos apraz usar dessa detestável licença, lançai-vos uns contra os outros: com efeito, quando vos enraiveceis contra o céu, não digo que cometeis sacrilégio, mas perdeis o vosso tempo. Dei outrora matéria de gracejo a Aristófanes, todo aquele grupo de poetas cômicos despejou sobre mim as suas piadas envenenadas: a minha virtude brilhou mais ainda por meio daquilo mesmo com que era atacada; era bom para ela ser apresentada e provada publicamente. Ninguém entende melhor a grandeza da virtude do que aqueles que, com as suas investidas, experimentaram as forças dela; não há quem melhor conheça a dureza do sílex do que os que o golpeiam. Apresento-me como um rochedo isolado, num mar cheio de baixios, o qual as ondas não cessam de açoitar de todos os lados e não o movem do seu lugar, nem o consomem pelos séculos afora com os seus contínuos ataques; assaltai-o, investi contra ele: eu vos vencerei à força da paciência. Tudo o que embate contra o que é firme e insuperável exerce as suas forças em prejuízo próprio: por conseguinte, procurai alguma substância mole e flácida na qual se cravem os vossos projéteis. Tendes tempo para examinar os defeitos dos outros e emitir julgamentos a respeito de todos: "Por que esse filósofo mora numa casa mais ampla? Por que esse outro janta com mais opulência?" Observais as borbulhas alheias, enquanto estais cobertos de úlceras. Nisso se dá o mesmo caso em que alguém, devorado por uma sarna feroz, ridiculariza as pequenas manchas e verrugas de corpos belíssimos. Censurai Platão pelo fato de ter procurado ganhar dinheiro, reprovai Aristóteles pelo fato de o ter recebido, Demócrito por tê-lo negligenciado, Epicuro porque o gastou; lançai-me em rosto Alcibíades e Fedro. Haveríeis de ser muito felizes, se tivésseis a sorte de imitar os nossos vícios! Ora, não deveis antes olhar para as vossas falhas que vos ferem de todas as partes, umas que grassam exteriormente e outras que vos ardem nas entranhas? As circunstâncias da vida humana não estão na condição de vos dar muito tempo para vibrardes vossa língua em censuras contra os melhores que vós, mesmo que conheçais pouco o vosso estado.

XXVIII – Isso não entendeis, e ostentais uma fisionomia contrária à vossa condição, como fazem muitas pessoas cuja casa sofreu um acidente, sentadas tranquilamente no circo ou no teatro sem terem conhecimento do desastre. Eu, porém, olhando do alto, vejo as tempestades que ou vos ameaçam para irromper um pouco mais tarde ou já estão bem próximas de vós, para arrebatar-vos junto com os vossos bens. Que mais? Não é verdade que, se ainda percebeis um pouco, um turbilhão faz girar e envolve vossas almas que fogem em procura das mesmas coisas, ora elevadas nas alturas, ora esborrachadas no fundo dos abismos? *Falta o resto.*